Die Baustellenbande
Abenteuer Spielplatz

Eine Geschichte von Carolin Kiehl
mit Bildern von Lars Benecke

www.bennyblu.de

Für die Kinder der Kita „Knirpsenstadt“ ist heute ein ganz besonderer Tag. Der Bau ihres lang ersehnten Abenteuerspielplatzes beginnt. Er soll der schönste Spielplatz der ganzen Stadt werden. Dann heißt es: auf dem Piratenschiff toben, aufs Baumhaus klettern, im Sandkasten Miniburgen errichten, im Wassergraben Staudämme bauen und aufs Klettergerüst steigen.

Und so soll er aussehen, der neue Abenteuerspielplatz, den die Kleinen schon einmal aufgemalt haben:

Aber bis alles fertig ist und die Kinder herumtollen können, muss noch viel getan und gebaut werden.

Für einen so außergewöhnlichen Abenteuerspielplatz braucht man natürlich auch außergewöhnliche Helfer.

Schaufelbagger Karl, der Chef der Baustellenbande, soll zuallererst das Fundament für das Klettergerüst ausheben und dann einen kleinen Graben für einen Bach zum Spielen anlegen. Wenn Karl baggert, wer hebt dann die vielen schweren Sachen in die Luft?

Das erledigt Harald, der Kranwagen. Mit seinem langen Kranarm kommt er nämlich überall hin. Selbst in den allerhöchsten Baum kann er ein Baumhaus setzen. Er hat den Überblick und weiß immer Bescheid.

Außerdem muss das Fundament rund um das Klettergerüst verdichtet werden. Das kann keine besser als Trudi, die aufgedrehte Dampfwalze. Sie hat nämlich Feuer unter der Karosserie.

Und Ben, der freche Kipplaster mit der großen Ladeklappe, hilft ihr dabei. Alle arbeiten unter Volldampf. Doch auf der Baustelle herrscht im Moment trotzdem ein heilloses Durcheinander, ...

... denn anstatt sich abzusprechen, macht jeder einfach das, was er denkt. In den Rahmen des Sandkastens stellt Harald das Klettergerüst. Au Backe! So war das aber nicht gemeint. Im Sandkasten soll schließlich gebuddelt werden.

Und was ist eigentlich mit dem Sand passiert? Den hat Ben kurzerhand auf der Spielwiese abgeladen. Mensch, Ben! Die Wiese ist doch zum Herumtoben da.

Als ob das nicht genug wäre, dreht Trudi jetzt so richtig auf – oder vielmehr durch: Sie ist nicht zu stoppen und walzt einfach die bunten Holzbänke platt. Upps! Kaputt!

Aber wenigstens steht das Baumhaus schon, oder? Moment: Heißt ein Baumhaus nicht so, weil es in Bäume gebaut wird? Warum ist es dann auf dem Piratenschiff? Da hat Harald wohl etwas falsch verstanden.

Und dann, im größten Chaos, passiert es: Karl will gerade den Graben für den kleinen Bach ausheben, als er mit seiner Schaufel eine Rohrleitung trifft. Ehe der Bagger sich versieht, sprudelt das Wasser in einer hohen Fontäne aus der Erde. Hilfe! Land unter! Bestimmt ist gleich alles vollständig überflutet. Ist damit der Traum vom Abenteuerspielplatz für die Kinder nun etwa wie eine Seifenblase geplatzt?

„Ich kann nichts dafür!“, versucht sich jeder herauszureden und den anderen die Schuld in die Schuhe zu schieben. Angelockt durch den Lärm der quietschenden und schimpfenden Baumaschinen kommt Bruno, der alte Streuner, auf die Baustelle.

„Wuff, nur weil ihr euch geholfen habt, ist der Abenteuerspielplatz so schön geworden!“, lobt Bruno die Baumaschinen. „Wir sind schon ein tolles Team“, strahlt Trudi.

„So kann das ja nichts werden. Warum arbeitet ihr denn nicht als Team, wuff? Helft euch lieber, anstatt euch zu streiten!“, bellt er laut. Recht hat er ja, der Bruno. Wenn jeder nur das macht, was er denkt, wird der Spielplatz wohl niemals fertig.

Brunos Standpauke hat gesessen. Sofort macht sich die Baustellenbande wieder an die Arbeit. Und dieses Mal packen alle gemeinsam an.

Zuerst reparieren sie das kaputte Rohr. Dann lädt Karl mit seiner Schaufel den nassen Sand ein und kippt ihn zum Transport auf Bens Ladefläche. „Stillhalten Ben, hier kommt die nächste Ladung!“

Trudi hat inzwischen den Kiesboden für das Klettergerüst verdichtet. „Ich bin fertig, Harald“, ruft sie dem Kranwagen fröhlich zu. Sofort nimmt Harald das Klettergerüst an seinen Haken und setzt es diesmal an die richtige Stelle. Danach kümmert er sich ums Baumhaus.

Das Baumhaus ist nun kein Schiffshaus mehr.
Es steht auf ein paar dicken Ästen und wartet auf die ersten Kinder, die es erkunden wollen. Mittlerweile ist auch der Sand auf Bens Ladefläche getrocknet. Ben kippt ihn in den großen Sandkasten. „Wir haben es geschafft“, stellt Karl zufrieden fest.

Einer allein kommt nicht zurande, hoh,
nur zusammen wird´s keine Schande, ha!
Die Baustellenbande – ja das sind wir, tut,
und die Baustelle ist unser Revier, tut, tut, jähh ...

Da stimmt sie ein heiteres Lied an und die anderen knattern begeistert mit. Weil alle zusammengearbeitet haben, ist der schönste Abenteuerspielplatz der ganzen Stadt nun fertig.

Weitere Titel

Bei **Benny Blu Bambini** findet ihr auch diese Bücher ...

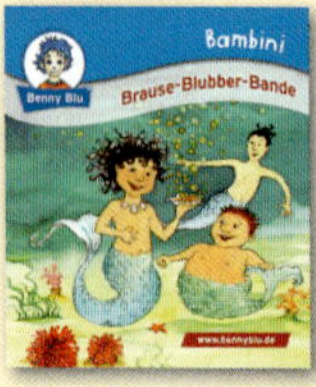

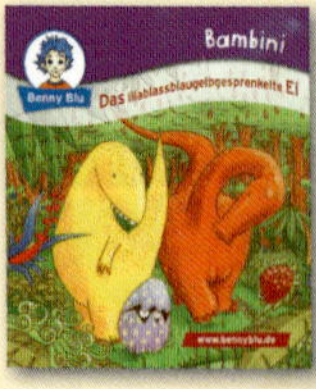

... und noch viele, viele mehr!